AF581334

CONSIDÉRATIONS

SUR

LA SITUATION FINANCIÈRE

DU DÉPARTEMENT DE LA CORSE

L'OCTROI DE MER

PAR

GASTON FANTAUZZI

Vice-Président du Conseil Général

Président de la Commission des Finances

BASTIA

IMPRIMERIE A VAPEUR JOSEPH SANTI

1907

CONSIDÉRATIONS

SUR LA SITUATION FINANCIÈRE DU DÉPARTEMENT DE LA CORSE.

L'OCTROI DE MER

Le Parlement est entré résolument dans la voie des réformes sociales et aucun de nous ne trouvera mauvais, qu'au début du XXe siècle, le gouvernement de la République se préoccupe activement de lutter contre « les injustices du sort, contre la souffrance, par la pratique des premiers devoirs d'assistance sociale et de solidarité. »

Ces tendances nouvelles qui attestent un changement radical dans l'orientation politique des esprits, ont amené les Chambres à voter successivement la loi du 15 juillet 1893 sur l'assistance médicale gratuite, la loi de 1902 sur la protection de la santé publique, la loi de 1904 sur les enfants assistés et la loi du 14 juillet 1905 sur l'assistance obligatoire aux vieillards, aux infirmes et aux incurables.

Enfin, dans sa déclaration du 5 novembre dernier, M. le président du Conseil manifestait la ferme résolution du Gouvernement de faire promptement aboutir la loi sur les retraites ouvrières. Il n'est pas téméraire d'avancer que les dispositions de ce projet de loi, qui constituerait une garantie de plus, contre l'insuffisance des énergies individuelles dans le combat pour la vie, seront immanquablement votées avant la fin de cette législature.

Si, à un point de vue élevé, nous ne pouvons que nous réjouir de ces réformes qui donnent satisfaction aux sentiments de justice sociale de notre démocratie, nous ne devons pas nous dissimuler d'autre part, qu'elles auront un fâcheux retentissement sur notre budget départemental, dont l'équilibre n'est péniblement obtenu depuis quelque temps qu'au moyen d'expédients ruineux contre lesquels nous ne saurions trop nous mettre en garde.

On sait que les départements sont appelés à contribuer financièrement à l'application de ces lois, et les sacrifices qu'on nous demande, dans ce but, ne sont malheureusement pas les seuls que nous ayons à nous imposer avant longtemps !

Bientôt, en effet. dès que M. le ministre de l'Agriculture aura déposé, sur le bureau de la Chambre, le projet de loi relatif à l'assainissement du pays, le concours du département sera sollicité, pour la réalisation des engagements que nous avons contractés envers l'Etat.

Sur ce point encore, il ne nous est pas permis d'hésiter !

L'assainissement est une question vitale pour notre île et nous devons aboutir à tout prix.

Si disproportionnée d'ailleurs qu'elle soit avec nos moyens, cette dépense ne sera pas stérile, car on donne d'une main et l'on reçoit de l'autre, quand on améliore l'outillage économique d'un pays.

Ce sujet a été remarquablement traité à l'une des dernières sessions du Conseil général par mon distingué collègue et ami, M. Henri Pierangeli.

Je ne m'en préoccupe à mon tour et tout à fait en passant qu'à un point de vue spécial ; au point de vue des sommes que le département devra se procurer pour l'acquisition des terrains que nous nous sommes engagés à livrer à l'Etat.

Le Gouvernement en fait une condition essentielle du concours qu'il nous a promis ; pour éviter tout malentendu, pour être prêt à toute éventualité, il est bon de prévoir dès maintenant qu'il nous faudra environ un million pour mener à bonne fin cette opération sur toute l'étendue du territoire où les travaux doivent être entrepris.

Je ne vois pas quelles sont actuellement les ressources disponibles de notre budget, qui pourraient nous permettre de négocier avec succès un emprunt de cette importance.

Un rapide exposé de notre situation financière fera mieux comprendre combien nos appréhensions sont légitimes, en présence du surcroît de dépenses qui va grever le budget, sans que nous puissions demander aux impôts actuellement existants un supplément de recettes correspondant aux charges à prévoir.

* * *

L'ensemble des dépenses départementales, tant ordinaires

qu'extraordinaires, s'est élevé pour l'exercice 1906 à 1.338.496,31.

Pour y faire face, le département disposait uniquement du produit de 102 centimes 56 centièmes, qui a donné 598.326 fr. 76 centimes.

Le reste a été fourni : 1° par les subventions de l'Etat ; 2° par le concours des communes et des particuliers, en vue de certaines dépenses spéciales.

Le centime valait en 1902 6.779 francs ; il avait été prévu au budget de 1906, pour 6.367 fr. 86 et n'a donné en réalité que 6.333 fr. 22 : d'où une moins value sur les prévisions budgétaires de l'exercice précédent, qui s'est chiffrée par 2.336 fr. 02.

Je retiens comme un signe des temps, cet avilissement progressif de la valeur du centime, alors que, dans les autres départements, c'est le contraire qui se produit.

Il faut noter également, que, nulle part, la valeur du centime n'est aussi faible, et que, réciproquement, il n'y a pas, sur le continent français, un seul département où le nombre de centimes soit aussi élevé qu'en Corse.

Les deux départements réputés les plus pauvres, après le nôtre, les Hautes Alpes et la Lozère, sont imposés, dans les proportions suivantes :

	Valeur du cent.	Nombre de cent.
Hautes-Alpes	7.700	57
Lozère	8.200	63

Si, inversement, on examine la situation de quelques-uns des départements, réputés le plus prospères, on voit que le centime vaut :

dans le Rhône	103.000 fr.
» la Gironde	104.044
» la Seine-Inférieure	131.000
» le Nord	183.000

J'ai tenu à insister plus particulièrement sur ce point, parce que la valeur du centime est une indication très précise du degré de prospérité d'un pays, et que, par les chiffres qui précèdent, on peut se rendre compte que les charges qui nous incombent, ne pèsent nulle part, sur le contribuable aussi lourdement qu'en Corse.

La situation financière des communes n'est guère plus florissante !

En 1902, la moyenne des impositions communales s'élevait à 202 centimes : nous arrivons maintenant à 250 !

Comme on le voit, nous avons fait du chemin, dans un laps de temps relativement très court.

Il est presque superflu d'ajouter qu'aucun autre département n'atteint ce chiffre exorbitant.

Parmi les moins favorisés après la Corse, la moyenne des impositions communales est :

pour	la Savoie de	171 c.
»	la Hte-Savoie de	166
»	l'Aude	135
»	l'Ariège	122

Plusieurs de nos communes, où la valeur du centime varie entre 1 fr. 51 et 1 fr. 82, se trouvent dans l'impossibilité absolue de faire face aux dépenses obligatoires.

J'ai le regret de constater, en passant, que, d'après les comptes arrêtés le 28 février dernier, à la clôture de l'exercice 1906, il restait dû au département une somme de 231.430 fr 71, représentant. en tout ou partie, le contingent des communes, dans les dépenses pour les enfants assistés, les aliénés, l'assistance médicale gratuite et les chemins vicinaux, dépenses auxquelles, de par la loi, elles sont tenues de contribuer.

Quand un département se trouve aussi lourdement imposé que le nôtre, le recouvrement de l'impôt s'en ressent et les rentrées s'effectuent avec lenteur.

On sait que les contributions directes se recouvrent, en principe, par douzièmes, et que, généralement, les comptables du trésor ont en caisse, le 30 juin, le montant des six douzièmes échus.

En Corse, non seulement, l'impôt n'est pas recouvré dans l'année, mais, les retards se reportent d'une année à l'autre, et même à l'année suivante.

Il y a pis encore, et, dans bien des cas, l'impôt n'est pas recouvré du tout, à cause de la gêne du contribuable et des nombreuses réclamations qui en sont la conséquence.

C'est ainsi que, pour l'exercice 1906, l'administration des contributions directes a été amenée à proposer des dégrévements qui se montent à.... 704.835 fr.

Il y a quatre ans, en 1902, les dégrèvements accordés s'élevaient ensemble à 573.000 fr.

Dans cette somme figuraient les états de côtes irrécouvrables présentés par les percepteurs pour un chiffre de 312.980 fr.

Comme on le voit, les charges augmentent d'une année à l'autre ; mais, les facultés du contribuable s'épuisent. A mesure que nous votons de nouveaux centimes, on dirait que le chiffre des dégrèvements tend à s'accroître dans les mêmes proportions !

Aussi, la plupart des services départementaux ou communaux se trouvent paralysés, le marasme est partout, et rien ne sert de se payer de mots.

« Avec le système actuel », nous sommes arrivés à « l'extrême limite » des sacrifices que l'on peut demander à nos populations.

Il serait imprudent, d'autre part, de trop compter sur les réductions que le Conseil général pourrait faire subir à tel ou tel chapitre de nos dépenses départementales.

Certes, nous avons, plus que jamais, le droit d'apporter, dans tous les services du département, l'esprit d'économie le plus rigoureux, et je veux espérer, que nous serons secondés, dans l'accomplissement de cette tâche, par tous les fonctionnaires départementaux, à quelque degré de la hiérarchie qu'ils se trouvent placés.

Il leur suffira, j'en suis sûr, de penser au petit contribuable, qui, au prix des plus grands efforts, amasse péniblement de quoi payer l'impôt, pour qu'ils deviennent aussi ménagers des deniers du département, qu'ils le sont de leurs propres deniers.

Mais, il ne faut pas perdre de vue que lorsqu'on a sorti du budget les dépenses strictement obligatoires et celles relatives aux annuités des emprunts, il nous reste en tout, une somme de 892 381 fr. pour assurer la bonne marche de nos divers services.

Sur ce reliquat, nous dépensons, rien que pour les routes départementales et les chemins vicinaux, (entretien et travaux neufs) la somme de 423.322 fr. 32 cent.

Avec le service des aliénés qui absorbe à lui seul 95.800 fr. et les crédits indispensables qui sont affectés à la Caisse départementale des retraites, à l'instruction publique, à l'hygiène, à la mutualité, aux enfants assistés, à l'assistance obligatoire aux vieillards, aux infirmes et aux incurables, nos disponibilités se réduisent à si peu de chose, que je ne vois pas comment il nous serait possible, même avec un contrôle des plus rigoureux, de modifier sensiblement, de ce chef, l'état si pré aire de nos finances.

Et cependant, force nous est d'assurer quand même, l'équilibre compromis du budget.

Obligés d'élever nos recettes au niveau toujours croissant des dépenses, et, de faire appel, dans ce but, à toutes les forces contributives du pays, il nous faut bien trouver le remède, après avoir indiqué le mal.

*
* *

Dans un rapport très remarquable et des plus documentés, que M. Valran, adressait, il n'y a pas deux ans, à M. le Ministre du Commerce et de l'Industrie ce précieux ami de la Corse, s'exprimait ainsi:

« La Corse est un département méditerranéen insulaire ; sa » situation et sa configuration lui donnent une physionomie ori- » ginale ; les circonstances de notre expansion coloniale au XXe » siècle, lui assignent une fonction à peine indiquée par l'his- » toire, mais marquée d'un caractère de destination, nettement » défini par les lois de la Géographie et de l'Economie politique, » dans notre Société contemporaine.

» La Corse, à quelques heures de Marseille, sur la route de » l'Afrique, de l'Asie, de l'Australie, participe de notre domaine » continental, et de nos possessions d'outre mer : elle est un » département colonial. »

On ne saurait mieux dire et M. Valran a eu la bonne fortune de trouver la formule précise qui convient à la situation Géographique et à l'état économique de notre pays.

Depuis longtemps déjà, la Corse est indissolublement liée à la France, invariablement fidèle dans la bonne comme dans la mauvaise fortune.

Au contact de la Grande Patrie elle a pris « une âme et un cœur français. »

Mais, si l'assimilation est complète, au point de vue moral et intellectuel, il s'en faut de beaucoup que les choses aient pris la même tournure, pour ce qui est du bien être et de la prospérité générale du pays !

C'est au mois de novembre 1790, que notre île a été érigée en département français.

Quelque temps après, le 7 Janvier 1801, le Premier Consul confiait, au Conseiller d'Etat Miot, la mission d'étudier sur place notre situation et nos besoins.

A peine arrivé, cet administrateur distingué, dont la Corse a précieusement conservé le souvenir, ne tardait pas à se convaincre, qu'à cause de sa position géographique, et pour toutes les raisons qui en découlent, à cause de l'état des esprits et de la pauvreté de ses habitants, on ne pouvait sans fermer les yeux à la réalité des faits, assimiler notre île aux autres départements de la France continentale.

C'est à lui que nous devons les célèbres arrêtés qui portent son nom.

Malheureusement, les immunités fiscales qu'ils édictaient en notre faveur, disparaissent une à une, soit que le Parlement et les grandes Régies financières, ne se rendent pas un compte exact de la situation du pays; soit que, par une conception erronée, on veuille en arriver à une réglementation unique et imposer, malgré tout, à la Corse, la règle commune !

Et cette tendance de nos administrations se manifeste à toute occasion avec un esprit de suite vraiment inexorable.

C'est là qu'est l'erreur.

C'est là qu'il faut chercher la cause première de la situation misérable au milieu de laquelle nous nous débattons, et qui va s'aggravant de jour en jour.

*
* *

Les économistes sont généralement d'accord aujourd'hui, pour reconnaître que la densité de la population est en raison directe de la force de production et de la richesse d'un pays.

Pour une superficie de 874.000 hectares, le département de la Corse compte une population de 295.000 habitants environ.

Sur le continent, la population des départements ayant une étendue sensiblement égale à la nôtre, est autrement nombreuse, et, en prenant nos exemples dans les diverses régions de la France continentale nous trouvons que l'Aveyron avec une superficie de 874.333 hectares compte 382.000 habitants ; les Côtes-du-Nord avec 687.766 hectares, 609.349 habitants : l'Isère avec 820.944 hectares, 568.693 habitants et la Marne avec 817.930 hectares, 432.882 habitants.

Les éléments imposables étant moins nombreux chez nous, les impôts sont nécessairement d'un rapport moindre : d'où cette conséquence qu'il nous faut multiplier le vote des centimes additionnels, pour assurer péniblement la marche des services publics.

Mais, d'autre part, les charges devenant de plus en plus écrasantes, retombent de tout leur poids, sur une population pauvre et clairsemée, qui ne possède ni les capitaux, ni l'outillage économique indispensable, ni les bras nécessaires pour mettre en valeur une si grande étendue de terres à cultiver.

Découragé, « guetté par la misère, comme le dit si bien, M.

Valran, le Corse abandonne la terre et la culture et laisse en friche un sol, où sa richesse inféconde s'enfouit sous le maquis. »

Le tableau n'est pas poussé au noir ; il est simplement vrai : l'émigration nous enlève plus de bras encore que les fièvres de nos marais !

Si l'on ne veut pas systématiquement détourner les yeux d'un état de choses aussi inquiétant ; si, loyalement, on essaie de remonter des effets aux causes, il faut bien que l'on s'habitue à considérer la Corse, sinon comme une colonie, tout au moins, comme un territoire à coloniser.

*
* *

« Coloniser, disait M. Georges Leygues, dans un discours récent, c'est se plier aux exigences des milieux et des climats, c'est se mesurer avec la complexité des problèmes que soulève la diversité infinie de la nature et de la vie. »

Et le problème est aussi complexe pour la Corse, qu'il l'a été et qu'il l'est encore pour la plupart de nos colonies.

On n'aura rien fait pour la colonisation dans notre île, tant qu'on n'aura pas assaini d'abord, repeuplé ensuite.

Mettons-nous donc à l'œuvre et commençons par assainir.

Le colon viendra à son heure, car, c'est le propre de la colonisation française d'avoir été toujours et surtout agricole.

Par une tendance instinctive, l'émigrant français se porte de préférence vers les contrées où la terre est féconde et peut être exploitée à bon compte.

C'est le Colon français, ne l'oublions pas, qui a fait la fortune de l'Algérie. Pourquoi ne viendrait-il pas en Corse, quand il pourra cultiver, en pleine santé, des terrains riches et fertiles ?

Mais voici précisément où éclate la complexité du problème que nous avons à résoudre.

Pour assainir, il faut de l'argent, et, en l'état de notre législation fiscale, le département ne peut se créer d'autres ressources que celles provenant des centimes additionnels.

Si, d'autre part, nous voulons aider au repeuplement, si, tout au moins, nous tenons à enrayer le mouvement d'émigration, qui va s'accentuant, de plus en plus, à cause de l'extrême misère dont nos populations ont tant à souffrir ; il est de toute nécessité que la propriété foncière ne soit pas surchargée d'impôts. Il faut que le cultivateur, qui se condamne presque fatalement, à la fortune lente et au travail acharné, puisse trouver dans l'exploitation du sol la légitime rémunération de son labeur, de ses risques et de ses peines.

Et, la solution n'est pas facile à trouver, si l'on ne se décide, au préalable, à doter la Corse d'un système fiscal, mieux adapté à ses besoins.

*
* *

Dès les premiers jours de la conquête de l'Algérie pressé de pourvoir aux dépenses locales et soucieux, d'autre part, de ménager au point de vue de l'impôt, les terres à coloniser, le maréchal Clauzel fut amené à établir une taxe d'un dixième, en sus des droits d'importation, sur certaines marchandises, arrivant par mer, dans le port d'Alger.

Son arrêté du 17 octobre 1830 peut être considéré comme le point de départ du système d'impôt connu sous le nom «d'octroi de mer » qui, petit à petit, au fur et à mesure des progrès de la colonisation, fut étendu à toute l'Algérie (1). Il a été appliqué depuis, à la plupart de nos colonies.

L'octroi de mer est un impôt de consommation qui atteint indifféremment les marchandises étrangères ou françaises et les productions de l'intérieur. Il s'étend aux objets de toute provenance qu'ils soient importés, récoltés, préparés, ou fabriqués dans la colonie.

Son recouvrement est confié à des services publics, ressortissant à cet égard au gouvernement général de l'Algérie et, opérant, l'un, à la frontière, l'autre dans l'intérieur, mais, là seulement où se produisent des objets passibles de l'impôt.

Les taxes sur les productions du sol et de l'industrie de la colonie, sont perçues par le service des contributions diverses, à l'image des droits de consommation intérieure, dont le recouvrement est opéré en France, par l'administration des contributions indirectes.

La perception des droits sur les marchandises importées en Algérie est confiée au service des douanes, moyennant un prélèvement au profit du trésor de 5 0[0 des recettes brutes.

Par application de l'arrêté du 4 nov. 1848 le produit net de cet impôt était réparti, par le gouvernement général, dans la proportion des 3[5es, entre les communes de plein exercice et les

1. NOTA. -- L'octroi de mer n'est pas le seul avantage que l'on ait consenti à l'Algérie, dans le but de favoriser la colonisation.

Il n'existe en Algérie ni droits de succession, ni impôt sur les propriétés rurales, ni côte personnelle et mobilière, ni impôt sur les portes et fenêtres,

communes mixtes, au prorata de leur population normale et municipale, constatée par le dernier recensement quinquennal.

Les 2|5es restant,étaient attribués aux provinces pour des dépenses d'intérêt provincial.

La part des provinces a été réduite par un arrêté postérieur et ne comprend plus aujourd'hui que le sixième des recettes.

Cet impôt constitue la principale ressource des communes algériennes, qui, on le sait, n'ont pas, comme dans la métropole, la faculté de voter des centimes additionnels sur la propriété non bâtie.

De tous les impôts perçus en Algérie, l'octroi de mer est incontestablement celui dont le contribuable algérien s'accommode le mieux, et les assemblées délibérantes de la colonie en ont toujours demandé le maintien.

Dans son remarquable ouvrage sur la colonisation chez les peuples modernes, le savant économiste, M. Paul Leroy-Beaulieu, en parle dans ces termes : « Quand on songe à l'énorme « difficulté » des taxes dans les colonies, sans arrêter ou entra- « ver la production, on ne peut vouloir supprimer un impôt, dont » la réalisation est si facile et que les » colons ressentent si « peu. »

*
* *

Par sa situation géographique, par son climat, par ses productions, par l'avenir même qui lui est réservé, la Corse a beaucoup de points de commun avec l'Algérie.

Si, après une expérience de près d'un siècle, l'octroi de mer a fait ses preuves dans notre grande Colonie méditerranéenne, quelles bonnes raisons pourrait-on nous opposer, pour refuser de l'introduire en Corse, avec les modifications inévitables, qui résulteraient des circonstances, des habitudes et des besoins du pays ?

En ce qui concerne les marchandises importées, la perception des droits serait plus facile que nulle part ailleurs, pour cette excellente raison que nous n'avons pas de frontières de terre, et, de ce chef, l'Administration des Douanes n'aurait aucune modification à apporter, aux services actuellement existants.

Une différence marquante, une seule, serait à noter, entre l'octroi de mer, tel qu'on le pratique en Algérie, et le système fiscal que nous demandons pour la Corse.

Je m'empresse d'ajouter que cette différence ne vise que la

destination à donner aux fonds provenant de ce nouvel impôt.

Tandis que l'octroi de mer affecte en Algérie le caractère d'une taxe municipale il deviendrait chez nous un impôt exclusivement départemental.

On sait en effet que les principales agglomérations de notre île sont déjà pourvues d'un octroi.

Comme nous le verrons plus loin, il y aurait inconvénient à modifier sur ce point l'état de choses existant.

En vain nous objectera-t-on que les taxes à percevoir feraient double emploi avec celles déjà perçues par les octrois municipaux et que, de ce chef, il y aurait superposition de taxes.

Ce ne serait là qu'une objection de pure forme, un mauvais prétexte qu'on soulèverait à dessein pour rejeter notre demande.

En effet, si l'on devait appliquer chez nous le système de l'octroi de mer, absolument comme en Algérie, le produit des taxes imposées serait attribué dans des proportions à déterminer, en partie aux communes, en partie au département.

Les communes conservant en Corse, leurs octrois municipaux, il va sans dire que les recettes de l'octroi de mer serviraient uniquement à pourvoir à certaines dépenses d'utilité départementale.

Il n'y aurait donc qu'à établir un tarif proportionnel, qui, tout en procurant au département les ressources dont il a besoin, protégerait le consommateur contre une taxation excessive.

Mais il y a mieux encore : A la Martinique, (1) à la Guadeloupe, à la Réunion, au Sénégal, à la Guyane, où l'octroi de mer est un impôt municipal, uniquement municipal, on a établi, greffé en quelque sorte sur le premier, un autre impôt, appelé « droits d'importation » qui frappe sans distinction d'origine toutes les marchandises importées et dont le produit net figure au budget de la colonie ; de telle sorte que les objets, à destination de ces colonies, acquittent à l'entrée deux droits absolument distincts et en quelque sorte superposés, dont l'un est perçu au profit des municipalités et l'autre vient alimenter le budget colonial.

Cet exemple suffit, à lui seul, pour dissiper toute équivoque, au sujet de cette prétendue superposition de taxes.

(1) Pallain, page 170, tome I — Les Douanes Françaises.

Des esprits avisés se demanderont, sans doute, pourquoi, du moment où les municipalités algériennes se trouvent si bien de ce régime, on ne poursuivrait pas l'expérience jusqu'au bout, en l'appliquant hardiment aux communes du département de la Corse.

En Algérie, ne l'oublions pas, les communes n'ont jamais connu d'autre régime que celui de l'octroi de mer.

Il en est autrement pour ce qui nous concerne.

Outre que ces questions de franchises municipales sont toujours très délicates à traiter et dégénèrent trop souvent en questions de clocher, il est une autre considération, autrement sérieuse, autrement grave par ses conséquences, qui me fait hésiter et m'arrête.

Les taxes municipales ne peuvent procurer à nos communes les ressources qui leur sont indispensables, qu'à la condition de frapper indistinctement tous ou presque tous les objets nécessaires à la consommation, qu'ils viennent de « l'intérieur de l'île », du continent français ou de l'étranger.

Or, nous avons vu déjà que l'octroi de mer soumet à l'exercice les productions de l'intérieur qui figurent au tarif, parmi les objets devant acquitter des droits à l'entrée.

Il faudrait donc créer en Corse, de toutes pièces, une administration des contributions diverses, comme elle existe en Algérie.

Ce nouveau rouage de la perception de l'impôt serait particulièrement couteux à installer.

J'ajoute que son fonctionnement serait une entrave continuelle au développement de nos exploitations agricoles et de la culture en général.

Par cela seul qu'une certaine catégorie d'objets, serait frappée d'une taxe à l'importation, les objets similaires, récoltés, préparés ou fabriqués en Corse, seraient placés sous le contrôle de la Régie, et ne pourraient circuler d'un point à un autre du territoire, qu'après avoir été recensés et suivis par les agents de cette administration.

Le remède serait pire que le mal !

Ce gros inconvénient disparaît si nous faisons de l'octroi de mer un impôt strictement et uniquement départemental.

Dans l'état actuel de nos finances, il faut prévoir que l'accroissement de dépenses dont nous sommes menacés creusera dans notre budget un déficit de 200.000 francs environ.

Pour obtenir, au moyen de l'octroi de mer, un supplément de recettes correspondant, il suffirait d'imposer certains articles « que la Corse ne produit pas » et qui viennent en totalité du continent français ou de l'étranger, tels que les sucres, les cafés, la bière, les tissus, le papier, les fers et aciers, etc., etc.

Le tarif ne porterait donc que sur les objets « importés » à l'exclusion de tous ceux qui seraient récoltés ou préparés dans l'île.

Dès lors, l'administration des douanes serait seule chargée de percevoir les droits à l'entrée, et l'on aurait évité pour les produits Corses la surveillance et, je puis dire, les vexations de la Régie.

En ce qui concerne le rendement de l'impôt, il est facile de se rendre compte, par le tableau ci-après, que mes prévisions ne sont guère entachées d'optimisme :

Tableau des Recettes A PRÉVOIR SUR LE PRODUIT DE L'OCTROI DE MER, DRESSÉ D'APRÈS LES IMPORTATIONS RELEVÉES PAR L'ADMINISTRATION DES DOUANES AU COURS DE L'EXERCICE 1906.

DÉSIGNATION des MARCHANDISES	Unités	IMPORTATIONS			OCTROI DE MER		
		de l'étrang.	de la métrop^le	Total	Droit à percev.	Produit	
Sucres	kilos	1.329 493	1.379.867	2.709.360	5 fr l. o/o k	135 450	env.
Café	»	491.512	2.327	493 839	»	24.650	»
Bières	»	16.717	561.895	578.612	»	28 900	»
Huile de Pétrole	hecto.	2.175	7.768	9.943	5 fr l hect.	49.715	»
Huiles végétales fixes pures, autres que l'huile d'olive	kilos	100	155.843	156.943	10 fr. les 10) kilos	15.590	
Produit de l'Octroi de Mer sur les articles ci-dessus						254.305	fr.

NOTA.

1. En dehors et en sus des objets figurant au tableau ci-dessus, on pourrait taxer comme objets n'étant ni récoltés ni préparés, ni fabriqués en Corse :
Les houilles 92 925 quintaux. — Les tissus en tous genres 1.001.897 kilos. — Les fers et aciers 929 211 kilos — Le papier et ses applications 545.116 kilos. — Le riz 649.587 kilos, etc.
2. Pour répondre à l'objection venant de la superposition des taxes et pour venir à l'appui de notre système, voici pour les deux principaux articles du tableau l'état comparatif des droits payés en Algérie pour l'Octroi de Mer, et de ceux à payer en Corse pour Octroi de Mer et pour les Octrois Municipaux :

EN ALGÉRIE

Sucre : Octroi de Mer 15 fr. 0/0
Café : » » 30 »

EN CORSE

Octroi municipal 5 fr. 0/0 k. — Sucre : Octroi de mer 5 fr 0/0 k. — Ensemble 10 fr. 0/0
» 5 » — Café : » 5 » » 10 ».

Ainsi donc, si ces propositions étaient adoptées, le problème serait, en partie, résolu.

Avec des droits minimes dont le consommateur se ressentirait à peine, et qu'il acquitterait, pour ainsi dire, à son gré, au fur et à mesure, de ses besoins ; sans bouleversements d'aucune sorte, et, surtout, sans rien ajouter aux charges énormes qui grèvent la propriété foncière ; le département pourrait se procurer aisément les ressources qui lui manquent pour faire face aux dépenses nouvelles résultant des réformes sociales entreprises par le Parlement.

Nous trouverions, en outre, les moyens si vainement cherchés jusqu'ici, de mettre sur pied, les grands travaux d'assainissement projetés, en tenant vis-à vis de l'Etat, les engagements que le Conseil général a pris envers lui.

Au Gouvernement de la République, qui a pris à tâche de rendre aux citoyens la vie toujours meilleure, plus aisée et plus digne, nous demandons simplement qu'il nous mette en mesure de nous relever en travaillant.

Cet appel d'un pays épuisé, d'un peuple qui perd courage sera-t-il entendu ?

J'ose espérer, qu'avec l'appui éclairé de nos représentants, grâce à l'énergique insistance de M. le Préfet, que nous considérons volontiers comme l'un des nôtres, le concours des pouvoirs publics ne nous fera pas défaut.

Et, si l'on vient à notre aide, maintenant qu'il en est temps encore ; si, toutes proportions gardées, l'on se décide à faire pour nous, ce que l'on a fait de tout temps, pour la plus grande comme pour la plus infime de nos colonies ; je le dis avec une entière conviction : j'ai foi, malgré tout, dans l'avenir de ce pays !

Car, notre Corse, envers qui, seule jusqu'ici, la nature s'est montrée prodigue, en lui donnant un peu de toutes ses forces et de toutes ses grâces, notre Corse est assez belle ; elle possède dans son sein assez de richesses inexploitées pour offrir à ceux qui craignent de la quitter, les moyens de travailler pour elle, de la féconder et de l'enrichir.

www.ingramcontent.com/pod-product-compliance
Lightning Source LLC
LaVergne TN
LVHW050514160826
845677LV00003B/1135
9782329636061